Inhalt:

AF189142

Eine Fabrik.
Ein Engländer, der sie bewacht.
Ein Händler umhüllt von Zimt, der sie besucht.
Ein Antagonist, der da noch arbeitet.
Ein Psychologe, der auf den Takt achtet.
Ein Klavierspieler, der sich nicht erinnern will.
Und ein Kronleuchter.

Abgebildeter Schauspieler:
Vorderseite - Armin Schiller

T. van Stiv

DIE ZIMTFABRIK

Tragische Komödie

Bibliografische Information der Deutschen Nationalbibliothek: Die Deutsche Nationalbibliothek verzeichnet diese Publikation in der Deutschen Nationalbibliografie; detaillierte bibliografische Daten sind im Internet über http://dnb.dnb.de abrufbar.

Herstellung und Verlag:
BoD – Books on Demand, Norderstedt.

ISBN: 9783744856195

Die Zimtfabrik

Tragische Komödie

Vierter Akt

von T. van Stiv (Pseudonym)

Theaterstück in sieben Szenen mit unterstützenden und filmhaften Musikelementen

Dauer: ca. 90 Minuten

Berlin 2017

Rechte zur Aufführung, zur Veröffentlichung, Verbreitung auch in Auszügen und zu den Bildern liegen bei

shortvivant consulting GmbH

Nach Ableben des Autors und nach Auflösung des Unternehmens ist die Tantieme an tiergebenden Tierschutzorganisationen eigenverantwortlich und angemessen zu leisten.

Rollen (in der Reihenfolge des Auftritts):

Giselher

Piotr

Benjamin

Remus

Ramon

1. Szene:

(Musikeinsatz)

(Ein Raum wie ein Dachboden oder eine verlassene Fabrik, verwinkelt, mit ungewöhnlichen Objekten versehen, unübersichtlich und hoch. Weiter hinten ein Objekt aus Holz, das an ein Klavier erinnert. Auf der einen Seite zwei Schaukeln, darunter zahlreich aufgestellte Gläser. Auf der anderen Seite ein Aufgang bis zu einem Steg, der hoch oben über den gesamten Raum führt. Von dort hängt ein kleiner Kronleuchter herab.)

(Giselher und Piotr sitzen auf den Schaukeln, Giselher beginnt zu schaukeln. Piotr hält ein volles Glas in der Hand, will trinken und setzt immer wieder ab.)

Piotr: (dreht sich plötzlich zu Giselher) Vorsicht, nicht bewegen, sonst passiert noch etwas.

(Giselher will absteigen.)

Piotr: (dreht sich wieder zu Giselher) Das geht so nicht. Wenn man den Boden berührt zerbricht gleich alles. Warum fühlt sich nur alles an, als ob es zerbricht?

(Giselher steigt ab und steht still zwischen den Gläsern.)

Giselher: Das weiß ich doch nicht, stehe ich hier mittendrin oder Sie? Ich sag dann schon mal tschüss. Es bricht nichts zusammen.

(Giselher nimmt Piotr das Glas ab.)

Piotr: Passen Sie auf, dass nichts verschüttet.

Giselher: Erst kann es brechen, dann kann es fließen, was denn nun? Es ist doch egal, ich mag hier nichts mehr trinken, dann kann ich es auch verschütten.

(Giselher schüttet das Glas aus und will sich bewegen.)

Piotr: Nein. Bleiben Sie wo Sie sind. Immer zurück ins Feld. Sich wegbewegen ist zu gefährlich. Sonst werden Sie noch entdeckt. Vertrauen Sie mir, bleiben Sie da, wo Sie sind.

Giselher: Was? Ja, nun ist mal gut. Das ist alles so kleinlaut geworden irgendwie. Wir haben alles besprochen und jetzt will ich auch los. Ich sag dann schon mal tschüss.

(Giselher will gehen.)

Piotr: Sie wollten doch noch von der Fabrik erzählen.

Giselher: Ach nö. Das hatten wir doch schon.

Piotr: Lieber drin bleiben als rausgehen. Erzählen Sie.

Giselher: Das kann ich auch beim nächsten Mal. Ich sag dann schon mal tschüss.

Piotr: Wenn Sie es jetzt tun brauchen wir uns beim nächsten Mal nicht zu sehen.

Giselher: Das leuchtet ein. Da wird ein Schuh draus.

Piotr: Also?

(Giselher nickt.)

Piotr: Nun fangen Sie schon an.

Giselher: Als die Fabrik schon längst geschlossen und fast alle entlassen waren, passte immer noch dieser Hund auf.

Piotr: Was für eine Rasse? Wachhund? Rüde?

Giselher: Beides ja. Der hieß Remus und war für die Sicherheit zuständig. Der Mann war nicht ohne. Engländer. Ich sag dann schon mal tschüss.

(Giselher will erneut gehen.)

Piotr: (springt ab) Nicht weglaufen. Was war denn da?

Giselher: Was da war kann ich nicht sagen. Aber was da jetzt noch passiert schon. Immer genau gegen acht.

Piotr: Morgens?

Giselher: Nein abends. Nun unterbrechen Sie doch nicht ständig. Immer genau gegen acht, wenn die Uhr sich bemerkbar macht…

(Eine Uhr ertönt.)

…kommt der Freundliche mit dem Mantel…Ich weiß seinen Namen nicht mehr. So wie eine Zufallsbekanntschaft, im ersten Moment interessant und man schwört sich ewige Freundschaft und dann doch aus dem Sinn. Ich sag dann schon mal tschüss.

Piotr: Nein, bleiben Sie hier. Ich meine, gehen Sie voran.

Giselher: Was denn nun?

(Giselher tritt aus den Gläsern heraus. Piotr folgt.)

Piotr: Erzählen Sie von diesem…wie hieß der noch gleich?

Giselher: Das weiß ich ja eben nicht.

Piotr: Also der Freundliche mit dem Mantel…

Giselher: Ja, der mit dem Mantel. Der Benjamin.

Piotr: Benjamin?

Giselher: Ist mir gerade wieder eingefallen. Benjamin kommt immer genau gegen acht mit dem Mantel.

Piotr: Das sagten Sie schon.

Giselher: Nicht, dass er Benjamin heißt.

Piotr: (fällt aus seiner Rolle und tritt an die Zuschauer heran) Das schwierige an dem Stück ist nicht die Geschichte, sondern dass man schnell den Faden verliert. Ein Schritt nach dem anderen. Vielleicht sollten wir Benjamin mal reinholen. Benjamin, kommst du mal bitte?

(Benjamin tritt ohne Mantel auf.)

Piotr: Das also ist Benjamin, sportlich, Schönling, Sympathieträger, dunkelhaarig. Händler. Wir wollten eher einen Muskelprotz, weil der Mantel so schwer ist, aber wir haben keinen gefunden, der den Text behält.

(Remus und Ramon, beide athletisch, treten auf, erst Fokus auf Ramon und später auf Remus.)

Benjamin: (zu Piotr) Soll ich den Mantel holen?

Giselher: Ich sag dann schon mal tschüss.

Piotr: (hält ihn zurück) Warten Sie doch mal.

Giselher: Nein!

Piotr: Doch!

Giselher: Nein!

Piotr: Doch!

(Beide ewig weiter. Piotr gibt irgendwann nach.)

Piotr: Das ist (Schauspielername). Hier im Stück Benjamin.

Benjamin: Hallo.

Piotr: Hol deinen Mantel und tue beschwerlich. Ist der schwer?

Benjamin: Nö.

Piotr: Komm mit deinem Mantel rein und lass dir was einfallen, damit es beschwerlicher wirkt.

(Benjamin geht ab, um den Mantel zu holen.)

Giselher: Geht's jetzt los? Kann ich weiter erzählen?

(Piotr setzt sich ins Publikum.)

Piotr: (beim Hinsetzen) Sehen Sie nun den beschwerlichen Auftritt von Benjamin, dem Händler und die Reaktion von Remus, dem Wächter.

Giselher: Soll ich es jetzt erzählen?

Piotr: Nein, man sieht es ja jetzt.

(Giselher geht enttäuscht ab.)

(Benjamin tritt in einem Mantel auf. Er trägt ihn schwer mit vielen Taschen.)

Remus: (schreit von oben) Geht das nicht schneller?

Benjamin: Ich habe das Gefühl, es wiederholt sich für mich jeden Abend und die Last wird schwerer.

Remus: Was hast du gesagt?

Benjamin: Nichts. Was für eine Fabrik ist das?

Remus: Das geht dich nichts an.

Benjamin: Welche Rolle spielen Sie hier? Wofür tragen Sie Verantwortung? Und was war hier früher los?

Remus: Das ist egal. Du fragst mir zu viel. Hast du Cassia dabei?

Benjamin: (stellt seine Taschen ab, sucht darin lange und findet ihn nicht) Nein, der tut nicht gut.

Remus: Du hast so viel von dem Zeug in deinen Taschen und gerade das nicht?

(Benjamin öffnet seinen Mantel.)

Benjamin: Cumarin. Das hier ist genauso gut. Nimm Caneel.

Remus: Und das daneben?

Benjamin: Das hier?

Remus: Nein das.

Benjamin: Das?

(Etliche Male wiederholend)

Remus: Ja.

Benjamin: Das ist auch gut.

Remus: (zu Ramon) Der Mann ist die Pest. Er ändert gerade seine Meinung, während er seine Meinung ändert.

Ramon: Lass ihn in Ruhe.

Remus: Kümmere du dich um deine Arbeit.

Remus: (zu Benjamin) Wenn das auch gut ist, dann sag wofür.

Benjamin: Das ist gut für…, das wirkt gegen…

Remus: Nun sag schon.

Benjamin: Das hilft bei…Schlafstörungen.

Remus: Schlafstörungen?

Ramon: Ich habe andere Methoden bei Schlafstörungen. Willst meinen Muskelzuwachs sehen?

Remus: Nein im Moment nicht, später vielleicht.

Ramon: Gut, ich warte darauf. Wenn du jetzt vorab schon was sehen willst. Zimtöl bringt nicht nur die Muskeln groß raus, sondern reizt diese noch nach, wenn sie schon zur Ruhe kommen müssen, obwohl ich das nicht erlaube. Im Kaffee wäre Zimt Verschwendung, erst trinken und auf die Wirkung hoffen. Dann lieber gleich auf den Körper. Ich bin sowieso für den direkten Kontakt. Das hat einen zusätzlichen Effekt.

Remus: Nein.

Ramon: Ich könnte dir doch…

Remus: Nein.

Remus: (zu Benjamin) Wo waren wir?

Benjamin: Bei Schlafstörungen.

Remus: Also hilft das?

(Benjamin nickt.)

Remus: Gut. Das kann ich brauchen.

Benjamin: Ich weiß.

Remus: Was? Wirf mir was davon hoch.

(Benjamin wirft das Säckchen Zimt Remus zu.)

Benjamin: Wann bezahlst du mich?

Remus: Später. Und jetzt geh. Ich kann das Zeug bald nicht mehr riechen.

Remus: (zu Ramon) Bring ihn raus.

Ramon: Der geht schon alleine und weiß was zu tun ist. Ich kümmere mich lieber um mich.

(Remus ist irritiert über die Reaktion und winkt ab.)

Benjamin: Das ist Zimt und riecht gut.

Remus: Jaja, das ist mir nicht gerade genug. Aber wenn's wirkt.

(Remus will abgehen.)

Benjamin: Das tut es schon irgendwie. Und muss es ja auch.

Remus: Was?

Benjamin: Nichts.

(Remus geht ab.)

(Ramon beobachtet Benjamin.)

(Benjamin zieht seinen Mantel aus und hängt ihn auf.)

Giselher: (taucht plötzlich hinter dem Mantel auf) Kuckuck.

(Benjamin erschrickt etwas.)

Giselher: Ich habe mitgehört. Ich kann auch nicht schlafen.

Benjamin: Das tut mir leid. Wer sind Sie?

Giselher: Ich bin Giselher.

Benjamin: Gisela?

Giselher: Nein, Giselher Giesel.

Benjamin: Herr Giesel.

Giselher: Nein, Giselher ist der Vorname. Herr Giesel. Giselher Giesel oder kurz Herr Giesel.

Benjamin: Sag ich doch.

Giselher: Ist ja auch egal.

Benjamin: Also nochmal. Das tut mir leid.

Giselher: Was?

Benjamin: Dass Sie nicht schlafen können.

Giselher: Das braucht es nicht. So verpasst man wenigstens nichts.

Benjamin: Wie lange geht das schon so?

Giselher: Ich weiß es nicht. Bin viel zu müde, um die Tage zu zählen. Und bei den Nächten fang ich gar nicht erst an. Kuckuck. Geben Sie mir auch was von dem Zeug.

Benjamin: Das ist Zimt.

Giselher: Ja, ein ganz besonderer offensichtlich. Kuckuck.

Benjamin: Nein, eigentlich nicht.

(Musikeinsatz)

Giselher: Nur nicht so bescheiden.

(gibt Benjamin das Geld)

Hier.

(will sich den Zimt aus dem Mantel nehmen)

Ist es das hier, der oder das?

Benjamin: (bindet die Taschen ein) Es ist hier.

(Giselher übernimmt die Suche in den Taschen und wittert.)

Giselher: Hier ist es.

Benjamin: Nein hier.

(viele Wiederholungen)

Benjamin: (zeigt dann auf eine Sorte) Das hier.

Giselher: (nimmt den Zimt mit und riecht dran, tanzt zwischen den Gläsern und läuft schnell davon) Das wird helfen. Ich weiß gar nicht, ob ich schlafen will.

(Licht aus)

2. Szene:

Remus: In warmen Sommernächten, wenn man nicht schlafen kann. Sich hin und her wälzt und auf Schlaf wartet, der dann nicht kommt. Gedanken Gefühle erzeugen, die einem den Schlaf nehmen. Die mir den Schlaf nehmen, jede Nacht. Ich fühlte mich immer so klein neben meinem Bruder. Besonders, wenn er bei mir übernachtete und kurz vorm Schlafengehen Zimtkaugummi stundenlang wie ein Amerikaner kaute. Das war mir zu nah und er sagte immer: „Kitzel dich, dann wird es kühl und dann schläfst du." Und er schmatzte dabei. Und ich kitzelte mich, obwohl ich wusste, dass ich keinen Schlaf finden werde. Ich fror schon fast und machte weiter.

Ramon: (mischt sich ein) Wenn du willst kann ich dich ja auf meine Art kitzeln. Ich hau dir einfach eine rein. Das geht ganz schnell, einfach mittenrein. Ich kann das genau platzieren. Dann schläfst du ganz ohne Kitzeln. Das entspannt mich und ich kann danach wunderbar schlafen.

Remus: Ja, aber ich nicht.

Ramon: (enttäuscht) Bei meinem Schlag?

Remus: Ich will lieber sanfte Methoden.

Ramon: Und das passt zu dir?

Remus: Was meinst du?

(Benjamin tritt auf und beschäftigt sich mit seinem Zimt.)

Ramon: Das passt doch eher zu mir. So weich wie ich bin. Was ist nun, soll ich dir zeigen wie filigran Arme gestaltet werden können? Nun sag schon. Jeder Reiz auf die Muskeln muss ganz genau gesteuert werden. Schau doch hin. Ob da Kitzeln zum Schlafen wirkt? Möglich ist es schon. Jetzt weich ich grad von meiner Linie ab. Voll drauf ist mir lieber.

Remus: (zu Benjamin) Klappt das mit dem Zeug nun ohne Kitzeln oder nicht?

Benjamin: Das gelingt schon. Stell dir dabei ein Säckchen Zimt aufs Fensterbrett. Das beruhigt das Gewissen und ein Fenster ist ja vielleicht offen, weil du auf Abkühlung hoffst, die nicht kommt. Und der Wind treibt dir den Duft ins Hirn und auf die Haut, die freiliegt.

Remus: Was willst du?

Benjamin: Dir helfen.

Remus: Hilf dir selbst. Wenn du weiter immer genau gegen acht hier auftreten willst, dann halt dich zurück.

Benjamin: Nimm dir den Zimt, den du brauchst. Schlafloser.

Remus: Jetzt reicht's.

(Remus tritt zu Benjamin und hält ihn fest. Benjamin wehrt sich.)

Remus: Ich lass dich einsperren.

(zu Ramon) Putzer, komm. Ich kann den solange halten.

(Ramon eilt heran, bringt Benjamin in einen Raum und klappt zwei Gitterwände auf.)

Remus: (durch die Wand zu Benjamin, der zwischen den Gläsern steht) Was ist jetzt? Bist jetzt allein und ohne deinen Mantel und die Taschen?!

Ramon: (zu Remus) Lass gut sein. Er soll seine Sachen nehmen und morgen wiederkommen. Du willst ja meine Schläge nicht im Gesicht, also muss er mit dem Zimt erscheinen.

Remus: (riecht) Kannst du dich nicht mal waschen? Wenn du so weit weg von mir bist, kriege ich es nicht mit. Aber jetzt direkt aus der Nähe. Steck dir Zimt in deine Hose, dann ist es erträglich.

(Benjamin öffnet währenddessen eine Gitterwand und steuert auf einen Holzkasten zu, der wie ein Klavier aussieht.)

Remus: Das ist ja jetzt blöd. Kannst ja nicht einfach die Wände umstoßen und auf kraftvoll machen! Was soll denn das? Und nicht ans Klavier.

Benjamin: Das ist doch kein Klavier.

Remus: Lass das Klavier. Da darfst du nicht ran.

Benjamin: Bist du irre? Das ist ein Holzkasten und kein Klavier.

Remus: Klar ist es das.

Giselher: (erscheint plötzlich) Moment mal. Das ist mein Klavier.

(Gerangel um den Platz vor dem Klavier, Ramon versucht Giselher zu verdrängen, Benjamin setzt sich, Giselher gewinnt und spielt Klavier, wie vom Band.)

(Musikeinsatz)

Remus: (zu Benjamin) Such den Zimt.

Benjamin: Der ist im Mantel.

Remus: Das denkst du auch nur. Du hast ihn überall verteilt.

Benjamin: Ich hab ihn verkauft. Und jetzt soll ich ihn zurückholen?

Remus: Such den Zimt.

(Benjamin läuft los und sammelt Zimtsäckchen ein, während Giselher weiter Klavier spielt.)

Piotr: (aus Zuschauerraum) Los, Benjamin such.

Remus: Ja genau, such das Ende der Welt.

Benjamin: Was soll ich?

Ramon: Ich helfe dir bei deiner Suche.

Remus: Hör nicht hin, such den Zimt.

Ramon: Ja, such den Zimt. Damit schöpfst du Kraft. Ich würde dir so gerne zeigen, was ich damit schon erreicht habe. Aber vorhin darf ich es nicht und jetzt passt es gerade nicht. Es spaltet mich, wie ich dich hängen lasse und selbst anspanne.

(Währenddessen erzählt Remus eine Geschichte über Zimt und fordert zwischendurch immer wieder Benjamin zur Suche nach weiteren versteckten Zimtsäckchen an den unmöglichsten Orten auf. Ramon unterstützt Benjamin oder verhindert. Auch die anderen schicken Benjamin umher.)

Remus: (in ein Mikrofon) Ich beobachte ein Paar im Restaurant. Er fragt sie, ob es ihr etwas ausmache, wenn er seinen Teller aus Schiefer, also eigentlich gar kein Teller im eigentlichen Sinne und irgendwie doch ein Teller, wenn auch mit viel mehr Struktur. Also ob er diesen Teller vor ihren Augen und wahrscheinlich gleich auch vor den erstaunten Augen anderer in diesem Restaurant…lecken darf. Mit der Zunge einfach rüber, einmal über die ganze Fläche und zurück. Also mit der Spitze in jede Furche rein, um auch alles zu erschmecken und zu ergründen.

Sie schaut ihn an, mustert ihn lange, in der Hoffnung, mehr zu erfahren, aber er macht keine Anstalten, sondern wartet auf ihre Antwort, um loszulegen und alle Reste aufzunehmen, die er mit anderen Werkzeugen nicht erreichen konnte oder wollte.

Eigentlich will er nicht wirklich auf ihre Antwort warten, war selbst schon längst entschieden. Sie schaut ihn weiter an, nicht fragend, eher verwundert und weiß, dass sie seinen Plan nicht aufhalten kann. Sie zuckt mit den Schultern. Was so viel bedeutet wie: „Was weiß ich?" oder „Mir egal" oder „Was kümmert mich das?". Nur das „Was kümmert mich das?" war Antwort genug. Und er legte los. Sie konnte nicht anders und schaute zu und sich die ganze Zeit um, ob nicht auch andere zuschauten, und ich musste auch hinschauen. Eigentlich wollte ich gar nicht hinsehen.

Es war ihm auch egal, wer alles hinschaute, dabei war seine Frau nun genauso gleichberechtigt als Zuschauer wie die Tischnachbarn. Und es war eins dieser Restaurants, zugegeben teuer, also mit wenig auf dem Teller, und die die höchstmögliche Anzahl von Tischen auf kleinster Fläche schafften. Die Zuschauer waren ganz nah, gefühlt hunderte, hautnah am Teller, obwohl er mit ihm allein sein wollte.

Also er legte los: Die Zunge quoll ebenso aus seinem Mund hervor, wie aufplatzender Mais, der zu viel Energie, zu viel Wärme empfängt. So plötzlich, obwohl man ja weiß, dass es gleich aus dem Mund herauskommt, eben ausbricht aus der Ruhe heraus. In ganzer Länge, und ich habe schon viele Zungen gesehen, aber diese…wischte einnehmend über den Teller, nein…über die gesamte Schieferplatte und vereinnahmte alles, was da noch zu holen war. Dabei so gierig, dass auch die Nase immer wieder auf der Platte aufstieß. Dabei kamen sich zu keinem Zeitpunkt Nase und Zunge ins Gehege. Und das war eher zufällig.

Während er das Zungenspiel und das Erlebnis mit sich und der Schieferplatte mit „Hmm" und zartem „Ohhhh" zufrieden begleitete, waren die Zuschauer eher unzufrieden mit „Ähhh" und „Öhhh" beschäftigt, manche auch dabei so laut, in der Hoffnung damit die eigenen Sehnerven zu bearbeiten und zu betäuben. Und er leckte und nahm auf und schmeckte, aber warum?

Sie wusste jetzt worum es ihm ging. Nur sie hatte sich nicht getraut oder sich mit dem Löffel und dem Eintunken von Brot begnügt. Sie mochte die Sauce, das Fleisch war längst verzehrt, und er wollte jeden Tropfen mit der unglaublichen Beschaffenheit und dem besonderem Inhalt.

Es scheint so, als liebte er ihn mehr als seine Frau. Er hätte sterben können, in diesem Moment, für den Geschmack von Zimt.

(Benjamin tritt an Remus heran und übergibt die gesammelten Zimtsäckchen.)

Remus: (schaut sich die Säckchen an) Da fehlt doch einer.

(Musik und das imitierte Klavierspiel von Giselher enden plötzlich, und Giselher dreht sich zu Benjamin.)

Benjamin: (völlig außer Atem) Was fehlt?

Remus: Na ein Säckchen. Ach ich hab's ja in der Tasche.

(Remus zieht ein Säckchen Zimt aus der Hose von Ramon.)

Giselher: (singt) Ich hab die Liebe in der Tasche und die lass ich nicht mehr los.

(Benjamin und Remus schauen Giselher verwundert an.)

Ramon: (singt aus anderer Motivation) Ich hab die Liebe in der Tasche und die lass ich nicht mehr los.

Giselher: (endlos wiederholend) Ist das Rissolli & Izles or Hazzilo & Tellers? Hm? Ist das Rissolli & Izles or Hazzilo & Tellers?

(Sand rieselt plötzlich von der Decke.)

(Piotr steht auf und hält Giselher den Mund zu, der sich wehrt und in die Hand von Piotr beißt und weiter wiederholt.)

Piotr: (währenddessen) Wenn Sie jetzt Sorge um die Qualität des Stückes haben. Es geht jetzt weiter. Benjamin hat inzwischen wieder Atem und wir sollten uns dem Putzer zuwenden. Ich habe das vorhin nicht so gemeint, als ich sagte Muskelprotze können sich den Text nicht behalten.

(Ramon tritt auf und stellt sich neben Piotr.)

Piotr: Das ist Ramon,…kannst du mal ein bisschen (fordert ihn zum Muskelpräsentieren auf)…attraktiv, blond…kannst du mal ein bisschen (fordert ihn zum Haareschütteln auf)…unglaublich kompliziert…kannst du mal ein bisschen…Nee, lass mal.

Ramon: Wieso?

Piotr: (findet keine Antwort) Na, weil du so, also…

Ramon: Ich mach mal besser selber…Ich bin Ramon.

Piotr: Das wissen wir ja schon.

(Ramon schaut Piotr energisch und lange an. Piotr setzt sich in den Zuschauerraum.)

Remus: (mischt sich ein) Das ist Putzer. Wie heißt du eigentlich?

Ramon: Ramon.

Remus: Das ist ja lustig. Ich bin Remus.

Ramon: Schön. Beides beginnt gleich oder wie?

Remus: Putzer, also Ramon sorgt dafür, dass kein Schimmel entsteht.

Ramon: Was er meint ist, wenn alles still liegt und Gefahr läuft, dass es zerfällt. Wenn die Vergangenheit aufrechterhalten werden soll, obwohl es sich nicht lohnt. Dann halte ich alles zusammen. Er sagt Putzer, ich sage, es ist viel mehr.

Remus: Putzer ist ein Guter. So wie ich immer sein wollte.

Ramon: Ich reinige jetzt seit Jahren. Für ihn. Das soll hier alles intakt bleiben…

Remus: (unterbricht) Hast du heute schon poliert?

(zeigt auf ein Maschinenteil) Da geht noch was.

Ramon: Ich könnte noch was anderes polieren.

Remus: Du hast da noch nicht geschmiert. Der Rost ist auch noch ganz staubig. Wenn du den Lappen direkt hindurchziehst bist du schneller fertig und kannst dann unter der Fläche noch nacharbeiten.

(Ramon klettert dabei herum und putzt. Remus zeigt und fordert Ramon zum Reinigen von Details auf.)

Remus: (zeigt erneut auf das Maschinenteil) Was ist nun damit? Da fehlt der Glanz.

Ramon: (poliert ein Maschinenteil) Unter uns…

(Licht nur auf Ramon)

Piotr: (aus dem Zuschauerraum) Ist er ein Guter wie Remus meint? Sehen Sie nun den Monolog von Ramon in einer Mischung von ungewöhnlicher Tiefe, Selbstzweifel und innerlicher Zerrissenheit.

(Ramon genießt den Zimt.)

Ramon: Ich liebe Zimt. Zimt ist so anders, so voller Tiefe und Kraft.

(wütend) Ich könnte diesem Remus…und wenn Sie mal diese Selbstgefälligkeit beobachten…was soll's. Ich nehme ihn nicht in Schutz. Ganz im Gegenteil. Und irgendwie hat er mich im Griff. Nein, wir haben uns beide im Griff. So wechselseitig eben. Ich hoffe, Sie verstehen was ich meine. Er sagt mir, was ich reinigen, aufpolieren oder instand setzen soll, damit er seine Berechtigung hat und ich halte jede Ecke seiner Fassade im Schuss und sichere mir ein Einkommen. So wird ein Schuh draus.

Haben Sie sich nur einen Moment lang gefragt, warum dieser Benjamin, also der mit dem Mantel voller Zimt, hierherkommt? Die ganzen Fabriken erfolglos abgeklappert hat und hier seine letzte Hoffnung sucht? Ich sehe schon, Sie verstehen kein Wort. Obwohl. So ging es mir anfangs auch, und ich bin nur ein Arbeiter und kam auch dahinter.

Ja, ich habe mal einem das Leben gerettet. Schwamm drüber. Mir ist das nicht wichtig zu betonen. Ich hab's einfach gemacht. Ich liebe die Menschen, auch wenn ich einigen…Dieser Engländer ist so einer, dem ich…Manchmal ist er ganz in Ordnung und ich mag seine Klarheit…gut die setzt sich im Kopf nicht fort. Das ist ja auch egal. Jeder hat so seine Macken. Gehen wir weg von dem Engländer. Ich mag ihn irgendwie. Da gibt es noch mehr.

Der…, ich weiß nicht mehr, wie der hieß und sein Name ist so kompliziert, wollte alles kristallklar. Mann, es ist eine Fabrik, eine staubige Anstalt und da muss nichts funkeln. Wissen Sie, wie viele Flächen so ein Kristall hat? Wenn da einer am Boden liegt, kann man ihn aufnehmen und wischt drüber und fertig. Und ich habe so vielen aufgeholfen, die da rumlagen.

Der Typ, der diese Woche, das ist schon eine Weile her, zum Hochpolieren dran war, wollte es gut machen und neigte sich den Kristallen zu, die da am Kronleuchter hingen. Da hingen scheiss viele Kristalle um eine Lampe rum, damit sich das Licht besser bricht. In einer Fabrik, die nichts produziert.

Es war schon ein Balanceakt, sich den Kristallen zu nähern. Und er sollte sie aufpolieren, obwohl er es bereits gestern gemacht hat, und den Tag davor, und den Tag vor dem Tag davor und den Tag nach vor diesen Tagen und auch noch davor. Um sie zu erreichen lehnte er sich vor und konnte sich nicht mehr halten.

Ich streckte meinen Arm aus und meine Hand erreichte eine andere. Wir schauten uns kurz an. Dem die Hand gehörte und ich. Ich werde das Gesicht nie vergessen und komischerweise schaute ich nicht auf die Hand, sondern nur in das Gesicht.

(Remus kommt auf Benjamin zu, der wieder bei seinem Mantel steht.)

Remus: Das Zeug…

Benjamin: Der Zimt…

Remus: …war nicht schlecht. Kaum habe ich ihn ins Essen gegeben und den halben Teller aufgegessen, da hat es schon gewirkt. Habe alles stehen gelassen und war gerade mit dem einen Bein im Bett…nicht mal mitbekommen, wie ich das zweite nachzog und…geschlafen. Sowas von tief. Mindestens drei Meter zwanzig. Ach was vier Meter… fünf. Fast tot war ich, so habe ich geschlafen. Ich dachte erst, das gibt es ja gar nicht. Und dann habe ich genauso lange wie ich tief geschlafen habe. Erst drei und dann vier Stunden…fünf…im Stück.

Benjamin: Und auch geträumt?

Remus: Ja, allerdings!

Benjamin: Und was?

Remus: Na, das kann man nicht erzählen. Das ist viel zu bescheuert.

Benjamin: Erzählen Sie, ich will ja wissen was der Zimt kann.

Remus: Nö, ich weiß nicht. Also, ich kann das jetzt nicht.

Benjamin: Nun mach schon, was ist passiert?

(Remus zögert. Benjamin fragt ohne Worte nach und fordert Remus auf. Übertriebene Gestik und Mimik von beiden.)

Remus: (erzählt seinen Traum) Ich war in der Fabrik. Überall Maschinen oder so Metallzeugs und Gerätschaften. Rohre hingen nicht von der Decke herab, sondern kamen aus dem Boden heraus.

Benjamin: Was erzählst du da? Ich kann es mir nicht vorstellen.

Remus: Einiges aus Holz. Ja und rechts ein Schrank. Nicht wie der da aus Metall, eben aus Holz und mit vielen Türen. Wie ein Klavier.

Benjamin: In der Fabrik?

Remus: Ja, Holz und Metall ganz nah in der Halle.

Benjamin: Was? Ich kann mir das nicht vorstellen. Hast du Bilder davon?

Remus: Klar hab ich die, alle in meinem Kopf.

Benjamin: Ich kann die nicht sehen.

Remus: Hätte ich die einkleben sollen in einem Buch? Lass die Bilder genauso erscheinen wie sie sich mir eröffnen.

Benjamin: Ich versuch es ja.

Remus: Und im Boden eine Tür aus Holz im Beton.

Benjamin: Was für eine Tür?

Remus: So wie eine Eingangstür oder eine Tür zu einem Versteck. Ich weiß es nicht mehr. Und ich sah im Traum die Tür offen und da schaut ein Hase raus.

Benjamin: Das ist doch keine Fabrik.

Remus: Doch ist es eine! Und einige der Apparate standen mit der Spitze auf dem Boden. Als würden Häuser aus unterschiedlichem Material nebeneinander auf dem Dach balancieren und miteinander verbunden sein. So als würden wir beide Kopfstand machen und die Hände halten. Das passt ja auch nicht.

(Remus und Benjamin machen Kopfstand und halten sich die Hand.)

Benjamin: Stimmt. Ich kann es mir nicht vorstellen. Erzähl weiter, vielleicht ändert sich die Lage.

Remus: Ja, mit der Zeit.

Benjamin: Dann erzähl weiter.

Remus: Und da war ein Kronleuchter.

(Licht auf Kronleuchter)

Benjamin: (löst den Kopfstand) Jetzt reicht's aber.

(Remus folgt ihm.)

Remus: Und es wurde Musik gespielt.

(Musikeinsatz)

(Alle Schauspieler musizieren, erzeugen Geräusche.)

Benjamin: Wieso spielt in der Fabrik Musik?

(Musikeinsatz endet.)

Remus: Und du warst auch da und es hing irgendwann einer am Kronleuchter.

Benjamin: Was?

Piotr: (tritt aus dem Zuschauerraum auf) Ich muss mal unterbrechen. Das ist ja viel zu gefährlich, wenn da einer am Kronleuchter hängt.

Giselher: (tritt auf) Ich sag dann schon mal tschüss.

Piotr: Moment. Das ist ja noch nicht passiert.

Remus: Das ist ja nur ein Traum.

Giselher: Wird es aber und nicht nur einer.

Piotr: Ich kann Träume deuten.

Giselher: Na dann viel Spaß. Ich sag dann schon mal tschüss.

Remus: Was bedeutet der Traum?

(Musikeinsatz)

(Piotr deutet den Traum, während die Musik schnell lauter wird. Er versucht mit Mimik und Gestik zu erklären.)

Remus: Was? Ich kann Sie nicht verstehen.

Remus: (zu Ramon) Putzer, mach mal die Musik leiser.

Ramon: Was? Ich kann dich nicht verstehen.

(Licht aus)

(Musik aus)

3. Szene

(Benjamin tritt auf und sortiert Zimt.)

Ramon: (aus dem Dunkeln) Magst du Zimt?

Benjamin: Wer ist da?

Ramon: Magst du Zimt?

Benjamin: Wer fragt denn da?

Ramon: Nun sag schon. Magst du Zimt?

Benjamin: Nein, davon wird man krank! So sagt man.

Ramon: Quatsch, das wird nur behauptet.

Benjamin: Doch, Zimt raubt einem die Sinne.

Ramon: Kann man Zimt schmecken, wenn man ihn nicht isst?

Benjamin: Klar kann man. Der Geschmack von Zimt bleibt immer im Mund, auch wenn der Sommer vorbei ist und die Kinder alles Eis verzehrt haben. Ich will mich nicht mehr an den Geschmack erinnern. Ich bin kein Kind mehr.

Ramon: Das wirst du immer sein, soviel wie du davon gegessen hast.

Benjamin: Jetzt mag ich ihn nicht mehr.

Ramon: Das produziert sich immer nach, wie in einer Zimtfabrik.

Benjamin: Ich kümmere mich um meinen Mantel.

Ramon: Und der ist voll von Zimt. Ich hätte jetzt Lust auf einen lockeren Zimtsoftpudding mit Klaubrause und Klatschbrötchen.

Benjamin: Ich kann den Zimt nicht mehr essen.

Ramon: Wie kommt das? Verkaufst den Zimt und kannst ihn nicht riechen?

Benjamin: Riechen schon, aber nicht essen. Meine Mutter gab uns immer warmen Milchreis mit Zucker und Zimt.

Ramon: Das ist doch mal ganz lecker. So wie lockerer Zimtsoftpudding mit Klaubrause und Klatschbrötchen.

Benjamin: Was ist Klaubrötchen und Klatschbrause?

Ramon: Klaubrause und Klatschbrötchen.

Benjamin: Von mir aus. Das wird heute wohl nicht aufgeklärt.

Wir bekamen warmen Milchreis mit Zucker und Zimt, Winter wie Sommer. Wurden regelrecht gestopft damit. Mein Bruder und ich. Er ertrug das alles. Kaum war der Teller halb leer, füllte sie nach und auf dem Herd stand schon der nächste Topf. Am Montag kochte sie, Dienstag auch, und Mittwoch und Donnerstag und Freitag. Samstag? Ja auch und Sonntag. Andere Tage und immer gleiche Mahlzeit. Es roch so besonders. Zimt mit Zucker. Das macht es verträglicher, so meint man, weil es den Zimt so lieblich macht. Er wurde dicker und dicker. Manchmal hätte ich ihm am liebsten den Finger in den Hals gesteckt, damit es wieder rauskommt. Ich wollte ihn immer beschützen und vor dem Zimt bewahren. Ich liebe den Geruch von Zimt und verachte den Geschmack.

Ramon: Ich hätte mir gewünscht, wenn wir immer Essen und Nachschub gehabt hätten. Hier gab es wenig. Und ich wollte denen nicht noch alles wegfressen, obwohl ich immer Hunger hatte. Und dann werde ich so aufbrausend und ungerecht.

Benjamin: Das wird im Mund immer mehr und man kann es kaum noch schlucken. Das ist wie feine Bratwurst. Wenn du sie im Mund hast und kaust, füllt sie jeden Winkel aus. Der Geschmack von Zimt ist überall und es wird immer mehr.

Ramon: Ja, wie ich sagte...in einer Fabrik, einer Zimtfabrik und dann könnte ich es irgendwann auch nicht mehr riechen.

Benjamin: Sie trug immer Zimt in der Basisnote. Dann hält es am längsten. Kopfnoten mit Zimt verfliegen so schnell und sind anfangs so dominant. Und ich mochte Mutters Parfüm und halte den Duft gerne bei mir. Als ich Marie kennenlernte, sie wurde fast meine Frau, zeigte sie mir Zimtstangen in ihrer Handtasche und meinte, das vertreibt schlechte Gedanken und sieht noch schön aus. Marie hatte keine Ahnung, was sie bei mir in Gang setzte.

(riecht tief am Zimt) Was wurde hier produziert?

Ramon: Das kann ich dir nicht sagen und komm besser nicht mehr her.

Benjamin: Ich muss es wissen.

Ramon: Man muss nicht alles wissen.

Benjamin: Ich suche nach dem Ort, wo mein Bruder verletzt und gerettet wurde. Vielleicht hat er hier gearbeitet.

Ramon: Hier wurde nichts produziert. Jedenfalls nichts Sinnvolles.

(Ramon geht ab.)

Benjamin: Noch nie?

(Remus tritt auf.)

Remus: (von oben) Nein. Komm mal hoch. Los, nun komm schon. Du fragst ja gerne. Von oben hast du den besseren Blick auf die Dinge.

Benjamin: (sucht den Weg) Hier lang? Oder da?

Remus: Na hier. Da.

Benjamin: Also doch da. Nicht hier.

Remus: Nein. Nicht da. Hier.

(Unendlich weiter)

(Benjamin steigt nach oben.)

(Giselher tritt unten und Ramon oben auf.)

Remus: (deutet auf Giselher) Siehst du den da?

Benjamin: Ja, was ist mit ihm?

Ramon: (zu Remus) Lass ihn gehen.

Ramon: (zu Benjamin über Giselher) Der will hier, dass alles geputzt bleibt.

Remus: (zu Ramon) Halt den Mund.

Giselher: Ist das Rissolli & Izles or Hazzilo & Tellers? Nun sag doch mal.

Benjamin: Was sagt der da?

Ramon: Der ist in einem anderen Film. Und ich könnte ihn…

Giselher: Ist das Rissolli & Izles or Hazzilo & Tellers?

Ramon: Der denkt, das ist alles nur eine Lüge. Wie eine Serie, die nicht endet und die Wahrheit verspricht, die nicht wirklich existiert.

Remus: (zu Benjamin) Komm mal her. Beug dich ruhig vor, damit du ihn genau sehen kannst.

Ramon: Hör auf damit.

Remus: (zu Ramon) Geh zurück auf deinen Platz. Ist alles schon schön sauber?

(Remus wirft Ramon einen Besen hoch.)

Ramon: (zu Benjamin und meint Giselher, fegt dabei) Siehst du ihn? Ihm gehört hier alles.

Giselher: Ist das Rissolli & Izles or Hazzilo & Tellers?

Remus: (drückt Benjamin gefährlich über das Geländer) Los, schau hin.

(Remus drückt Benjamin weiter vor.)

Ramon: (fegt weiter) Bist du verrückt? Du hast das schon mal gemacht.

Remus: (löst Benjamin und zu ihm) Geh zurück auf deinen Platz und zu deinem Zimt.

(Benjamin klettert wieder herunter.)

Ramon: (zu Benjamin) Frag ihn doch, ob er geträumt hat. Und vor allem was.

Remus: Und verhalt dich gut, ich bin ihm verpflichtet.

Ramon: Und ich auch. Ich entscheide spontan auf welcher Seite ich stehe.

Remus: Blähe dich nicht so auf.

Ramon: (will sich ausziehen) Willst endlich sehen, wie ich aufgebaut habe?

Remus: Nein.

(Licht aus)

4. Szene

(Benjamin beschäftigt sich mit Zimt.)

Giselher: (tritt währenddessen hinzu) Das war gar nicht schlecht! Als ich das Zeug nahm dachte ich nur…

Benjamin: Und auch geträumt?

Giselher: Ja, allerdings!

Benjamin: Und was?

Giselher: Na, das kann man nicht erzählen. Das ist viel zu bescheuert.

Benjamin: (schon verwundert) Erzählen Sie, ich will ja wissen was der Zimt kann.

Giselher: (Benjamin spricht den Satz lautlos mit) Nö, ich weiß nicht. Also, ich kann das jetzt nicht.

Benjamin: Nun machen Sie schon, was ist passiert?

(Giselher zögert. Benjamin fragt ohne Worte nach und fordert Giselher auf. Übertriebene Gestik und Mimik von beiden.)

Giselher: (erzählt seinen Traum) Ich war in der Fabrik. Überall Maschinen oder so Metallzeugs und Gerätschaften. Rohre hingen nicht von der Decke herab, sondern kamen aus dem Boden heraus.

Einiges aus Holz. Ja und rechts ein Schrank. Nicht wie der da aus Metall, eben aus Holz und mit vielen Türen. Wie ein Klavier.

Benjamin: Jaja.

Giselher: Und im Boden eine Tür aus Holz im Beton. So wie eine Eingangstür oder eine Tür zu einem Versteck. Ich weiß es nicht mehr. Und ich sah im Traum die Tür offen und da schaut…

Benjamin: …ein Hase raus.

Giselher: Ja, ganz genau. Und da war ein Kronleuchter. Und es spielte Musik. Und du warst auch da und es hing irgendwann einer am Kronleuchter.

Benjamin: Allein?

Giselher: Nein.

Benjamin: Ich glaube dir kein Wort.

Giselher: Wieso?

Benjamin: Remus hat genau das gleiche erzählt.

Giselher: Ach was. Das ist ja wie bei Rissolli & Izles or Hazzilo & Tellers…

Benjamin: Ich glaube dir kein Wort.

(Benjamin und Giselher eng zusammen stehend und sich wiederholend)

(Remus tritt auf.)

Remus: (ins Mikrofon) Sie zuckt mit den Schultern. Was so viel bedeutet wie: „Was weiß ich?" oder „Mir egal" oder „Was kümmert mich das?" Nur das „Was kümmert mich das?" war Antwort genug.

Und er legte los. Sie konnte nicht anders und schaute zu und sich die ganze Zeit um, ob nicht auch andere zuschauten und ich musste auch hinschauen. Eigentlich wollte ich gar nicht hinsehen.

Und er leckte und nahm auf und schmeckte, aber warum?

(Musikeinsatz)

(Remus ist betroffen.)

Sie wusste jetzt worum es ihm ging. Nur sie hatte sich nicht getraut oder sich mit dem Löffel und dem Eintunken von Brot begnügt. Sie mochte die Sauce, das Fleisch war längst verzehrt, und er wollte jeden Tropfen mit der unglaublichen Beschaffenheit und dem besonderem Inhalt.

Es scheint so, als liebte er ihn mehr als seine Frau. Er hätte sterben können, in diesem Moment, für den Geschmack von Zimt.

(Licht aus)

(Musikeinsatz endet später.)

5. Szene

(Ramon, Remus und Benjamin treten auf.)

Ramon: Zimt kann so verdammt viel. Wir hatten nur nie welchen. Gut, den groben Cassia konnten wir uns vielleicht noch leisten, aber wenn es feiner werden sollte, ging es ans Geld. Ich begann heimlich, die letzten Ersparnisse meiner Eltern, die sie im Küchenschrank in der Keksdose versteckten, zu stehlen, um mir einige von diesen dünnen Stangen zu kaufen, die ich säuberlich zerrieb. Das Aroma war unglaublich fein, und ich genoss jeden Moment allein mit dem Zimt.

Anfangs versuchte ich jeden Eintopf und jede Kartoffel damit unbemerkt zu verfeinern. Dazu gab ich vor, es sei Pfeffer, da ich es besonders scharf mag. Oder ich schickte meine Eltern, als wir bereits beim Abendessen zusammensaßen, vor die Tür, weil ich eine Überraschung in Aussicht stellte, die ich niemals einlöste. Später begann ich mit einer Paste aus Ceylon-Zimt und Öl meinen Körper einzureiben. Ich brauchte immer mehr und trainierte, um mir das zu holen, was mir zustand. Das Geld reichte einfach nicht und ich holte es mir, ohne zu bezahlen. Erst bettelte ich darum, dann schlug ich nur noch zu. Ja, ich wusste, dass es falsch war. Zimt kann so verdammt viel. Es hat eine wärmende Wirkung auf den Körper, und auch wenn ich Zucker zu mir nahm, verbrannte das Fett und die Muskeln zeigten sich deutlicher, besonders am Bauch. Die dem Zimt zugesprochene Steigerung der Gehirnaktivität, die bereits beim Schnuppern einsetzt, verlief bei mir anders, und ich wurde aggressiver. Es heißt, wenn man es sich regelmäßig zuführt, wirkt es beruhigend und entspannend und hilft bei der Kontrolle. Bei mir irgendwie nicht. Es muss doch möglich sein, mehr von dem weichen Zimt zu bekommen, gerade wenn er so viel kann, dachte ich mir. Hätte ich mehr von dem Zimt gehabt, hätte ich auch geteilt. Ich träumte von Speisen, die ich nie essen würde und löffelte das Zeug und phantasierte mir den Rest dazu.

Eines Tages wurde ich dann von zu Hause abgeholt und kam nicht mehr zurück.

Warum bist du hier?

Remus: Der Zimt ging nicht mehr vom Teller ab. Da kannst du darüberwischen und kratzen und wirst irgendwann verrückt. Heute hätte ich denen den Teller abgenommen, gleich wenn sie aufgegessen haben und noch alles frisch ist. Im Nachhinein ist man schlauer. Zu Weihnachten kamen alle zusammen. Da saßen Iren, Waliser, Schotten und Engländer und aus unterschiedlichsten Grafschaften an einem Tisch. Ganz harmonisch. Ich habe keine Ahnung, ob das an dem Zimt lag. Es ging nicht um Politik, sondern mehr darum, ob die Teller bis zum Rand mit Sauce bedeckt waren. Und wenn einer mehr auf dem Teller als der andere hatte, wurde erst gestritten und dann ausgeglichen. Bereits in der

Nacht stapelten sich die Teller mit den Resten. Ich fragte den Gastgeber, ob ich nicht schon mit dem Waschen beginnen kann. Es hieß: „Sei gemütlich und reihe dich ein." Nächsten Morgen ging das Zeug einfach nicht von den Tellern ab. Das war doch klar. Das muss man gleich machen, wenn es noch frisch ist oder einweichen.

Letztes Weihnachten versuchte ich also etwas Neues. Wieder kamen alle zusammen und diesmal noch mehr und noch früher. Es war wieder laut wie in einer Fabrik. Ich hatte mehr Teller bereitgestellt und einen vollen Eimer Wasser. Alles hatte ich vorbereitet. Ich war vollständig durchorganisiert und hätte jedem Gast einfach den Teller durch einen frischen ersetzen können und den alten kurz unter Wasser gedrückt, nachdem dieser aufgegessen hatte. Es gab wieder dunkle Sauce mit besonders viel Zimt zum Fleisch und der Geruch verbreitete sich in dem Raum ohne Fenster. Und ich war viel dominanter geworden und rief quer über den Tisch: „Es geht gleich weiter, ich tausche nur kurz Ihren Teller" und war auch schnell zur Stelle. Nur eins hatte ich nicht bedacht. Die Sauce war viel dicker als im Vorjahr, weil dann mehr auf den Teller passte und nicht über den Rand laufen konnte. Das Zeug, der Zimt, löste sich schon am Abend nicht im bereitgestellten Eimer, geschweige dann am nächsten Morgen. Die Kruste auf den Tellern, die sich doch wieder stapelten, war noch beständiger gegen den Lappen, gegen die Stahlbürste. Und auch der Eimer ließ sich nicht mehr reinigen, als das Wasser wie die Gäste längst verschwunden waren. Der Zimt wirkte noch nach und setzte sich auch bei mir fest. Ich musste verschiedene Grenzen überschreiten und kam nicht mehr zurück.

Benjamin: Was schaut ihr mich so an?

Ramon: Was treibt dich hierher?

Benjamin: Na, mein Bruder.

Ramon: Was ist in dem Beutel?

Benjamin: Da ist nichts.

Ramon: Ich hätte Lust an dem Mantel.

Remus: Halt mir den bloß weg.

Benjamin: Der Mantel gehört mir ganz allein und auch alle Taschen.

Piotr: Was ist bei dir passiert?

Benjamin: Ich habe alles zurückgelassen. Es war ja auch keiner mehr da. Alles schnell gegriffen, was da noch war. Ich wusste, dass der Tag kommen würde und es war alles gepackt. Viel war nicht mehr vorhanden und, was ich noch hatte, verstaut. Mutters, Bruders und Vaters Kommoden waren leer. Es war alles leer, außer in einem Schrank in der Kammer. Unscheinbar von außen und geräumig von innen. Wenn ich hineinschaute, wirkte er viel höher als er von außen schien. An einem Haken der Mantel, aufgetürmt über die Jahre gesammelte

Taschen und Zimtsäckchen in luftdichten Gläsern, feinsortiert wie Sand aus vergessenen Urlauben. Der Geruch von Zimt schien über die Jahre die Gläser überwunden zu haben und setzte sich im Mantel fest. Eines Nachts verteilte ich die Säckchen in den Taschen und dem Mantel. Ich ließ kein einziges zurück und wartete bis ich los musste. Der Tag kam schnell. Die wichtigste Erinnerung hielt ich bis heute bei mir und kam nicht mehr zurück.

Remus: Und was ist mit Giselher?

Benjamin: Warum ist Piotr hier?

Ramon: Ich kann euch das sagen. Kommt mal her. Nun kommt schon her.

(Licht aus)

(Licht an)

(Benjamin steht still und allein.)

(Piotr tritt aus dem Zuschauerraum auf.)

Piotr: Da waren der Dunkelblonde, der Putzer und der Smarte. Der Dunkelblonde war dunkelblond, der Putzer putzte und der Smarte war…smart. Es ging nicht um die Drei, sondern um ihn.

Was ist in der Fabrik passiert? Sag es doch endlich.

Giselher wollte nie darüber reden. Es war seine Fabrik, und ich habe ihn immer wieder gefragt, was da los war. „Sind Sie schuldig und haben Sie etwas damit zu tun?" habe ich ihn gefragt. Er antwortete mir nicht und meinte immerzu „Ist das Rissolli & Izles or Hazzilo & Tellers?"…(wiederholend) Es war schnell klar, dass er alles verdrängt. Und Irgendwie hingen wir alle mittendrin. Mir ist es nicht gelungen, ihn einzufangen. Und ich habe es auch zu verantworten, weil ich nicht eingegriffen habe.

Da waren der Dunkelblonde, der Putzer und der Smarte. Der Dunkelblonde war dunkelblond, der Putzer putzte und der Smarte war…smart. Es ging nicht um die Drei, sondern um ihn.

(Giselher kommt hinzu.)

Piotr: (zu Giselher) Warum laufen Sie mir davon? Sie wollten mir doch von der Fabrik erzählen.

Giselher: Piotr, das mach ich doch die ganze Zeit. Ich sag dann schon mal tschüss.

Piotr: Danke, dass Sie sich an meinen Namen erinnern.

(Piotr setzt sich in den Zuschauerraum.)

Benjamin: (löst sich aus der Position und zu Giselher) Warum träumt ihr den gleichen Traum, wenn ihr meinen Zimt einnehmt?

Giselher: Das ist wohl ein guter Zimt.

Benjamin: Das ist irgendein Zimt.

(Remus kommt hinzu.)

Remus: Was hat der denn geträumt?

Benjamin: Na, den gleichen Traum wie du.

Remus: Das gibt es ja gar nicht.

Giselher: (mit Remus eng verbunden) Das kann ja nicht sein.

Benjamin: Doch. Und jedes Detail war gleich.

Remus: Das gibt es ja gar nicht.

Giselher: Das kann ja nicht sein.

Benjamin: Doch. Sogar die Einführung war gleich... „Na, das kann man nicht erzählen..."

Remus: Das gibt es ja gar nicht.

Giselher: Das kann ja nicht sein.

Benjamin: (mit Remus und Giselher synchron) „Das ist viel zu bescheuert".

Benjamin: Sagt mal, wollt ihr mich auf den Arm nehmen?

Remus: Ich habe diesen Traum geträumt.

Giselher: Ich auch.

Benjamin: (überprüfend) Welchen denn?

Giselher und Remus: (synchron und jeweils auf den anderen zeigend) Na den, den er geträumt hat.

(Piotr tritt aus dem Zuschauerraum hervor.)

Piotr: Das ist übrigens Remus. Böse. Schau mal böse, Remus. Danke. Remus ist Engländer. Sag mal was.

(Remus sagt einen englischen Zungenbrecher auf.)

Piotr: Das hast du schön gesagt. Wenn der ganze Körper angespannt ist, kann der Kopf ganz frei funktionieren. Spann mal den Körper an Remus…Nicht so verkrampft…Gut so.

Remus: Kann ich wieder auf meinen Platz gehen?

(Ein rosafarbener Hase erscheint aus einer Bodentür.)

Piotr: Nein, nicht solange der Hase zuschaut.

Remus: Welcher Hase?

Giselher: (zu Remus) Nicht hinschauen, sonst ist er weg. Gut, die Farbe hätte man anders wählen können.

Benjamin: Was für ein Hase?

Piotr: Na da. Sieht possierlich aus. Zugegeben, etwas frech und das passt nicht zu dir.

(direkt zu dem Hasen) Und du bist der Hase, ja?

(Der Hase nickt.)

Remus: Da ist nichts. Eine Tür im Boden.

Giselher: Und da lugt er heraus. Kuckuck.

Benjamin: Wer?

Piotr: Na, der Hase.

Remus: Die Tür ist zu, wie immer.

Giselher: (Remus vorwerfend) Du hast sie nicht verriegelt, dann passiert sowas.

Benjamin: Was passiert dann?

Piotr: Na, der Hase kommt dann.

(zum Publikum) Ich muss mal kurz reinhoppeln…also…Hier stellt sich die Frage: Was ist der Sinn des Stücks? Geht es tatsächlich um einen Hasen?

Remus: Ja, offensichtlich.

Giselher: Nein, offensichtlich nicht. Es ist wie eine Schmarotte.

Piotr: Du meinst Schmonzette. Es geht um Zimt.

Ramon: (als Hase) Ich hasse Zimt.

Piotr: Was, Häschen?

Giselher: Na siehst du, du siehst ihn auch?

Piotr: Klar, sehe ich ihn.

Remus: Wen?

Piotr: Na, den Hasen.

Benjamin: Da ist nichts. Da ist kein Hase…aber es riecht nach Zimt.

Giselher: (zu Benjamin) Dann siehst du doch den Hasen.

Benjamin: Ich sehe nur eine Tür im Boden und das ist schon ungewöhnlich genug.

(Giselher und Piotr schauen sich an und dann gleichzeitig): Und wir sehen den Hasen, der da herauslugt.

Piotr: Er winkt mir gerade zu.

Giselher: Nein, mir.

(Licht aus)

(Musikeinsatz)

6.   Szene

Remus: Wenn alles akkurat und klar strukturiert ist, dann passt es. Wenn es alles blitzt, weil nur die Oberfläche erstrahlt, dann passt es. Mich zerfrisst es, wenn ich es nicht einordnen kann und es nicht schön aussieht.

(Ramon kommt hinzu.)

Ramon: Wir passen gut, weil du so anders bist. Ich will das hier nicht mehr endlos machen und warte auf jede Gelegenheit. Fass dir auch den Mut und geh deinen Weg.

Remus: Du hast hier genauso geschworen, das alles ewig mitzumachen.

Ramon: Ich stehe ja zu meinem Wort. Nur wenn ich mich hier nicht ausleben kann, muss ich weg.

Remus: Schau dich doch an, wie liederlich du geworden bist.

Ramon: Was machst du dir diese Not? Lass Ungerades passend sein und dann geht's auch.

(Remus fasst Ramon an und will, dass er ordentlicher aussieht.)

Ramon: Was ist nun, willst du dir nun endlich anschauen wie ich mich entwickelt habe?

Remus: Nein, ich will das nicht sehen, weil es mich so klein macht.

Ramon: Es reicht mir jetzt. Los, dann hau mir eben eine rein. Nun mach schon. Greif doch selbst mal an und lass nicht immer andere machen.

Remus: Ich kann das nicht. Dann sieht es nicht mehr schön aus.

(Ramon greift nach Remus und zieht ihn zu sich heran.)

(Remus will sich wehren, will jedoch Ramon nicht ständig anfassen.)

Remus: Du riechst schon wieder so. Ich stopf dir Zimt ins Maul, dann geht es besser.

Ramon: Jetzt gehst du endlich auf mich los.

(Giselher tritt währenddessen auf.)

Giselher: (stellt sich zwischen die Beiden) Entspannt euch.

(Ramon will auch Giselher angehen, Remus unterstützt Giselher.)

Remus: (zu Ramon) Hol Wasser. Da ist noch was zu tun.

Giselher: Danke für die Unterstützung, Engländer.

Remus: Keine Ursache.

Giselher: Du bist ein Freund.

Remus: Ein Freund? Keineswegs.

Piotr: (tritt aus dem Zuschauerraum auf) Remus singt nun voller Leidenschaft und innerer Betroffenheit. Hören Sie, was ihn antreibt.

(Remus singt ins Mikrofon ein Lied über einen Hasen.)

(Musikeinsatz)

(Benjamin durchsucht währenddessen seine Taschen. Ramon kommt mit einem vollen Eimer Wasser herunter und singt zeitweilig mit. Er stellt den Eimer auf die Bühne und geht ab.)

(Giselher schaut Remus lange an und greift zu dem Eimer. Remus geht auf Giselher zu.)

(Benjamin erscheint mit seinem Mantel zwischen Giselher und Remus und öffnet ihn plötzlich.)

(Giselher stellt den Eimer wieder ab.)

Benjamin: Wo wir gerade hier zusammen sind. Hat hier mein Bruder gearbeitet?

(Benjamin legt seinen Mantel ab.)

Giselher und Remus: Nö.

Benjamin: Ich muss es wissen. Hat er hier gelebt?

Giselher: Das kann ich mit Sicherheit sagen, gelebt hat hier keiner.

Remus: (schaut zu Ramon, der oben mit einem Eimer Wasser erscheint) Frag doch mal…

Giselher: (zu Remus) Lass das oder soll Ultimo der letzte sein?

(Giselher ist verärgert.)

Benjamin: (zu Ramon) Kennst du meinen Bruder?

Ramon: Ich hab zu tun.

(Ramon wischt mit viel Wasser das Geländer. Seine Oberarme sind sichtbar.)

(Benjamin und Giselher weichen dem herunterfallenden Wasser aus.)

Benjamin: So wie du putzt geht dir anderes durch den Sinn. Kennst du meinen Bruder?

Ramon: Nein woher?

Benjamin: Er sagte mir, dass er an einem Arm gehangen hat. Und das könnte passen.

Remus: (zu Benjamin) Das kann jeder. Los, komm her.

(Remus hält Benjamin an einem Arm, jedoch nicht lange und überspielt dies.)

Benjamin: Das war nicht hier.

(Beim Abgehen, beginnt seine Sachen zusammenzupacken) Wollt ihr noch Zimt? Braucht ihr noch was zum Träumen?

Remus: Nein. Bleib wo du bist. Immer zurück ins Feld. Sich wegbewegen ist zu gefährlich.

(Benjamin schaut Remus lange an.)

Benjamin: Kocht schön in eurem Saft. Ich koch mir mit Zimt woanders was.

(Benjamin will abgehen.)

Ramon: (ruft von oben runter) Bleib. Ich kenne deinen Bruder.

(Licht aus)

7. Szene

Benjamin: Woher?

Ramon: Er hat hier gearbeitet. Das heißt nicht eigentlich gearbeitet, aber so in der Art.

Benjamin: Kennst du seinen Namen?

Ramon: Nein, nur sein Gesicht.

Benjamin: Ist dir ein Name nichts wert?

Ramon: Die Umstände ließen es nicht zu. Die Zeit war zu kurz, um den Namen zu erfahren.

Benjamin: Glaubst du, dass Phrasen jetzt Einsicht bringen?

Ramon: Der Typ, der diese Woche, das ist schon eine Weile her, zum Hochpolieren dran war, wollte es gut machen und neigte sich den Kristallen zu, die da am Kronleuchter hingen. Da hingen scheiss viele Kristalle um eine Lampe rum, damit sich das Licht besser bricht. In einer Fabrik, die nichts produziert.

Es war schon ein Balanceakt, sich den Kristallen zu nähern. Und er sollte sie aufpolieren, obwohl er es bereits gestern gemacht hat, und den Tag davor, und den Tag vor dem Tag davor und den Tag nach vor diesem Tag und auch noch davor. Um sie zu erreichen lehnte er sich vor und konnte sich nicht mehr halten.

Ich streckte meinen Arm aus und meine Hand erreichte eine andere. Wir schauten uns kurz an.

Dem die Hand gehörte und ich. Ich werde das Gesicht nie vergessen und komischerweise schaute ich nicht auf die Hand, sondern nur in das Gesicht.

Benjamin: (hüpft plötzlich vor Freude auf der Stelle) Hast du meinen Bruder gerettet? Los sag schon, warst du das? Oh, bin ich außer mir. (Hüpft weiter) Nun komm mal runter und her zu mir. Los, nun mach schon. Wenn ich noch weiter warte, fresse ich den ganzen Zimt. Lass mich doch nicht warten, das halt ich ja nicht aus.

(Ramon kommt herunter.)

Suche seit Jahren den Retter und jetzt ist er da. Noch ganz oben und jetzt kommt er die Treppe runter. Ich denke, das geht vielleicht schneller, aber er ist ja schon unterwegs. Gefühlt kann ich in der Zeit zwei Gerichte kochen…

(Piotr und Giselher treten auf.)

Piotr: Neulich habe ich Schokoladen-Sauerkraut-Kuchen gemacht…jetzt experimentiere ich mit Schokolade und Speck. Beides unglaublich gut. Vor allem mit einer Prise Zimt.

Giselher: Coffee Chili mit Bier und Kaffee, Schokolade na klar, und Bohnen und…auf den Kreuzkümmel kommt es an …mh

Piotr: Hast du Honig hineingetan?

Giselher: Ich habe Rohrzucker genommen.

Piotr: Nimm Tej.

(Giselher versteht nicht.)

Piotr: Äthiopischen Met. Der ist fruchtiger und gibt fast Säure hinzu.

Giselher: Das klappt?

Piotr: Jaja…hast du Erfahrung mit Zimt?

Giselher: Piotr, keine innigen, wenn du das meinst. Spaghetti sind für mich…fast heilig und da passt kein Zimt hin.

Piotr: Und eben doch. Das ist wie bei Schaschlik auf die Hand. Pack in die Tomatensauce Zimt und Nelken rein.

Giselher: Und dann?

Piotr: Warts ab.

(Pause)

Benjamin: Ich verwende auch sehr gerne Zimt. Am besten aus Saigon, feuerscharf, wie dieser Zimtkaugummi, den man hastig kaut und gewähren lässt, bevor man ihn ausspuckt.

(Ramon erscheint jetzt neben Benjamin.)

Ramon: Erzähl bloß Remus nichts von dem Zimtkaugummi, der hat so sein Problem damit. Sein Bruder schmatzte immer beim Kauen und forderte ihn zum Kitzeln auf.

Benjamin: (umarmt ihn übertrieben) Komm her. Du hast meinen Bruder gerettet.

Ramon: Ich habe ihn an einem Arm gehalten und vor dem Absturz bewahrt.

Benjamin: Jaja, los komm her. Oh, bin ich dir dankbar.

Ramon: Keine Ursache. Würde ja jeder machen.

Benjamin: Ja, das stimmt vielleicht. Los, komm her.

(Benjamin umarmt Ramon erneut.)

Benjamin: Ich würde dir alles geben. Meinen Hof, mein Gefährt, mein Leben.

Ramon: Hast du einen Hof?

Benjamin: Nein. Ich bin ja immer hier.

Ramon: Was ist mit deinem Mantel?

Benjamin: Den habe ich nicht aufgezählt.

Ramon: Ich will den Mantel und das Gepäck.

Benjamin: Lass uns wetten. Nur wenn ich verliere, gehört alles dir.

(Remus tritt spontan auf.)

Remus: Und ich bin der Spielmeister.

Ramon: Wir könnten doch Armdrücken machen und ich kann euch zeigen, wie ich mich entwickelt habe.

Giselher: Lass mich mitmachen. Ich spiel doch so gerne. Wir könnten doch lieber das Klavier einbeziehen.

Remus: Versteck ein Säckchen Zimt in dem Klavier. Dann dreht euch alle mal um (spricht auch das Publikum mit an), damit keiner weiß, hinter welcher Klappe der Zimt sich versteckt.

Benjamin: Nein, das haben wir schon beim letzten Mal gemacht.

(zeigt auf Giselher) Und er hat die Klappen verriegeln lassen.

Ramon: (steigt auf eine Schaukel) Wir könnten spielen, wer höher schaukelt.

Giselher: (stößt Ramon auf der Schaukel an und währenddessen zu Remus) Oder wer am schnellsten nach oben gelangt.

(Remus beginnt plötzlich nach oben zu klettern.)

Benjamin: Oder, wer länger auf der Stelle rennt.

(Benjamin rennt auf der Stelle.)

Piotr: Oder, wer das Säckchen ohne Zimt findet.

Giselher: Das machen wir.

(Alle brechen ihre Aktivitäten abrupt ab.)

Remus: Ich hol mal die Säckchen.

(zu Benjamin) Gib mir mal vier.

Benjamin: (gibt Remus vier Säckchen) Hier.

Remus: (zu Ramon) Füll in ein Säckchen etwas anderes ein.

Ramon: Ich liebe Zimt.

(Geht mit den Säckchen nach hinten und präpariert diese versteckt.)

Remus: Bist du fertig?

Ramon: (kommt zurück) Schade um den Zimt.

Benjamin: Wer bezahlt mir den Schaden?

Ramon: Bist doch gleich den ganzen Zimt los und dann ist er bei mir.

Benjamin: Nur wenn ich gegen dich verliere.

Giselher: Das wirst du.

(Remus baut die vier Säckchen auf.)

Remus: Los, Benjamin und Ramon stellt euch auf. Der Putzer beginnt. Finde das Säckchen ohne Zimt.

(Ramon öffnet ein Säckchen mit Zimt.)

Alle anderen: Oh.

Remus: Jetzt du, Benjamin. Das nächste Säckchen.

(Benjamin öffnet ein Säckchen mit Zimt.)

Alle anderen: Oh.

Remus: Jetzt beginnt Benjamin. Die letzte Chance auf den Mantel.

Giselher: Ist das Rissolli & Izles or Hazzilo & Tellers?

Benjamin: (zögert und entdeckt eine Markierung) Das ist wie mit eurem Traum. Ihr habt euch abgestimmt. Das Säckchen ist markiert.

Giselher: Dann nimm es doch und der Mantel bleibt deiner.

(Benjamin zögert und greift dann sicher zum markierten Säckchen.)

Remus: (zu Ramon) Dann ist das letzte deins.

(Ramon greift nach dem letzten Säckchen.)

Remus: Nun macht schon auf.

(Ramon und Benjamin öffnen die Säckchen und schmecken den Inhalt.)

Ramon: Ich liebe Zimt.

(zu Benjamin) Du hast gesagt, du isst keinen Zimt.

Benjamin: Das ist Salz.

Ramon: Das tut mir leid.

Remus: (zu Ramon) Der Gewinner steht fest.

(Ramon zieht den Mantel an und nimmt alle Taschen auf.)

Ramon: Das sind jetzt mein Mantel und mein Gepäck.

Benjamin: So schnell geht das nicht.

Giselher: Klar geht das so schnell. Obwohl Ramon jetzt bleiben muss. Wer kommt denn sonst jeden

Tag immer gegen acht? Und wenn er den Mantel und den Zimt hat, muss er jetzt auch die Rolle übernehmen.

Ramon: Ich bleibe hier keinen Augenblick mehr. Ich habe gewonnen und bin hier weg. Ich sag dann schon mal tschüss.

Giselher: Das ist mein Text.

(Giselher will Ramon festhalten. Dieser löst sich.)

(Benjamin steht nun am Ausgang und will Ramon aufhalten.)

Ramon: Lasst mich doch mal durch. Ich bin jetzt weg. Auf und davon mit dem Zimt.

Remus: (ins Mikro) Wart doch mal, Putzer. Komm doch noch mal her.

Ramon: Ich will jetzt los und habe neue Pläne.

Remus: Wenn du bald schon solange weg bist, hast du doch jetzt wohl noch einen Moment für mich.

(Ramon zögert.)

Remus: Ich will dir noch was geben.

(Pause)

Als ich neulich träumte, weil der Zimt mich träumen ließ, habe ich im Traum gedacht…und das war immer noch so, als ich wieder wach wurde…

Ramon: Mann, ich muss los. Ich habe hier genug verpasst.

Remus: Ich dachte eben drum. Nimm doch eine Erinnerung mit.

Ramon: Ich will mich nicht erinnern.

Giselher: Ganz meine Meinung.

Remus: Du hast doch genau da, seinem Bruder (meint Benjamin) ins Gesicht geschaut.

Benjamin: (zu Ramon) Erzähl von meinem Bruder, als du ihn gehalten hast.

Ramon: Ich will jetzt los.

Giselher: Ich würde ja gerne mitkommen.

Remus: Hier geht keiner. Ich will dir was schenken, sofern Giselher das erlaubt.

Benjamin: Gisela?

Giselher: Nein, Giselher Giesel.

Benjamin: Herr Giesel.

Giselher: Nein Giselher ist der Vorname. Herr Giesel. Giselher Giesel oder kurz Herr Giesel.

Benjamin: Sag ich doch.

Giselher: Ja klar. Schenk ihm nur irgendwas, damit er hier bleibt.

Ramon: Nun gib mir schon das Geschenk. Ist es denn wertvoll?

Remus: Ja.

(Remus geht nach oben.)

Piotr: Boah, ist das spannend.

Remus: Komm mal hoch. Los komm schon. Hast du nicht da seinem Bruder das Leben geschenkt?

(Ramon klettert herauf.)

Ramon: Ja, es war genau da…ich komm ja schon hoch, um es noch einmal ganz aus der Nähe zu sehen.

Remus: Ich sehe, wie dich das berührt. Das ist doch eine Erinnerung wert. Hol dir einen Kristall.

Ramon: (zeigt auf den Kronleuchter) Du meinst direkt von da?

Remus: Ja, dann ist es etwas Echtes und voller Betroffenheit.

(Ramon beugt sich vor.)

Remus: Moment.

(Remus spricht die anderen an.)

Remus: (zu Benjamin) Geh du auf den Lauf und schau von oben, wie der Kronleuchter sich wie im Spalier rankt.

Remus: (zu Giselher) Lass du dich achtsam hängen.

Remus: (zu Piotr) Streck du die Arme hoch und sei gefasst.

Remus: (zu sich selbst) Und ich werde von hier Ausschau halten und eingreifen falls erforderlich.

Remus: (zu Ramon) Es ist nun alles vorbereitet. Nimm dir die Erinnerung mit.

(Ramon klettert zu dem Kristall und verliert das Gleichgewicht. Er sucht Halt am Kronleuchter und Benjamin hält Ramon an einem Arm mit Blick zueinander fest. Die anderen unterstützen und zögern zugleich. Es hängen dann zwei am Kronleuchter. Es entsteht ein Bild wie in einem Marionettentheater mit wiederholenden Bewegungen.)

Piotr: (zum Publikum) Schön, dass doch alle zusammenbleiben. Es ist spät und längst acht Uhr vorbei.

(Piotr geht in seinen Raum aus der ersten Szene und baut die Gitterwand wieder auf) Kommt ihr? Ihr könnt doch morgen wieder weitermachen.

(zu Giselher) Kommst du?

(Musikeinsatz)

(Giselher geht in den Raum der ersten Szene und nimmt die Anfangsposition auf der Schaukel wieder ein. Piotr schaukelt Giselher. Der Moment muss tragisch und innig sein.)

Piotr: Nicht, das noch etwas passiert.

Giselher: Ich gehe jetzt schlafen. Ich sag dann schon mal tschüss. Kann ich noch etwas Zimt haben? Ein Tässchen Milch mit Zimt. Bist du morgen wieder da?

Piotr: Ja.

(Musik lauter. Die Bewegungen der Figuren am Kronleuchter verstärken sich.)

(Licht langsam aus)

(Musikeinsatz)

(Verbeugung zur Musik. Zugang über den Raum voller Gläser.)

Ich sag dann schon mal tschüss.

Ein fünfter Akt folgt.

Abgebildeter Schauspieler:
Rückseite - Armin Schiller